APATOSAURIO

por Janet Riehecky
ilustraciones de Lydia Halverson

THE CHILD'S WORLD

MANKATO, MN

*Con el más sincero agradecimiento a Bret S. Beall,
Coordinador de los Servicios de Conservación para
el Departamento de Geología, Museo de Historia
Natural, Chicago, Illinois, quien revisó este libro
para garantizar su exactitud.*

Library of Congress Cataloging-In-Publication Data
Riehecky, Janet, 1953-
[Apatosaurus. Spanish]
Apatosaurio / por Janet Riehecky; ilustraciones de Lydia Halverson.
p. cm.
ISBN 1-56766-131-9
1. Apatosaurus--Juvenile literature.
[1. Apatosaurus. 2. Dinosaurs. 3. Spanish language materials.]
I. Halverson, Lydia, ill. II. Title.
QE862.S3R5317   1994
567.9'7-dc20   93-44253

APATOSAURIO

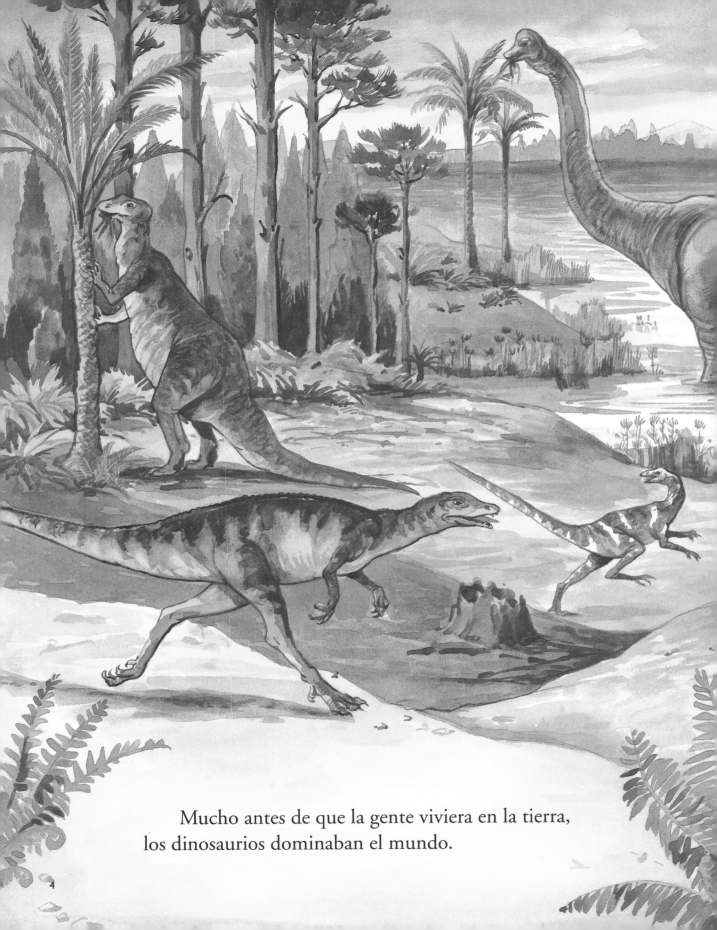

Mucho antes de que la gente viviera en la tierra,
los dinosaurios dominaban el mundo.

En aquella época había tantas clases diferentes de dinosaurios como existen en la actualidad animales distintos en el parque zoológico.

Algunos dinosaurios tenían cuernos y volantes.

Otros tenían el cuerpo cubierto con una
armadura.

Había gigantes mansos que comían pacíficamente
plantas diferentes…

y carnívoros feroces que atacaban y mataban a otros
animales para comérselos.

Uno de los gigantes mansos era el apatosaurio. Su nombre, que quiere decir "lagarto engañoso" resulta muy apropiado, porque durante mucho tiempo este dinosaurio "engañó" a los científicos.

Durante muchos años los científicos pensaban que había dos clases distintas de dinosaurios, el Apatosaurio y el Brontosaurio. Más tarde descubrieron que los dos son el mismo animal. Puesto que apatosaurio es el nombre que se le dio primero a este animal, ése es su nombre correcto.

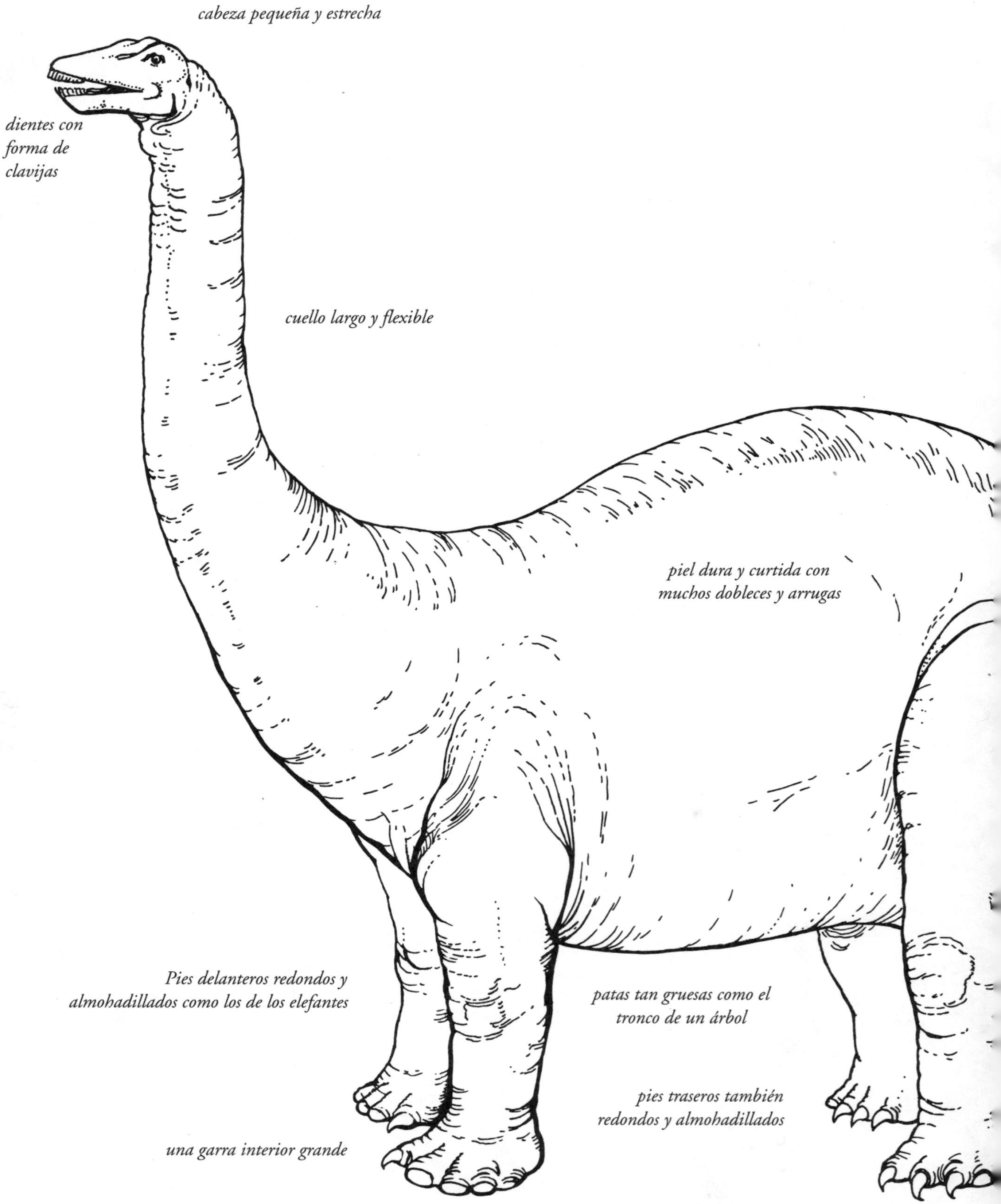

cabeza pequeña y estrecha

dientes con
forma de
clavijas

cuello largo y flexible

piel dura y curtida con
muchos dobleces y arrugas

Pies delanteros redondos y
almohadillados como los de los elefantes

patas tan gruesas como el
tronco de un árbol

pies traseros también
redondos y almohadillados

una garra interior grande

tres garras orientadas hacia afuera

El apatosaurio no era el dinosaurio más grande que haya existido, pero le faltaba poco para serlo. Con frecuencia llegaba a medir más de veintiún metros de largo, y pesaba más de treinta toneladas. ¡Eso es más grande que siete elefantes juntos!

Tenía las patas traseras más largas que las delanteras, lo cual le daba a su lomo una curva amplia y larga. Del suelo a las caderas medía cuatro metros y medio y el cuello medía otros cuatro metros y medio. Si ese dinosaurio viviera en la actualidad, podría extender el cuello tan arriba como para mirar en el interior de una ventana de un segundo piso ¡sin tener que ponerse de puntillas!

cola larga y con forma de látigo

El apatosaurio era tan grande que necesitaba dos "cerebros". El cerebro real, situado en la cabeza, era para pensar. Tenía el tamaño aproximado del puño de una persona y pesaba menos de medio kilo. Eso significaba que el apatosaurio probablemente no era muy listo, aunque los científicos no saben eso con seguridad.

El segundo cerebro era un "centro nervioso" cerca de las caderas. En realidad no era un segundo cerebro, sino un centro nervioso que controlaba la cola y las patas traseras de esta criatura enorme. Después de todo, ¿qué pasaba si alguien le pisaba la cola? El dinosaurio no quería esperar a que el mensaje fuera transmitido a lo largo de los veintiún metros hasta la cabeza, antes de moverse a un lado.

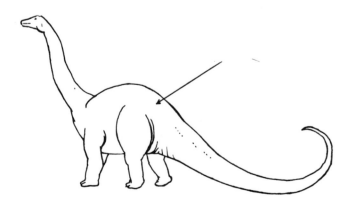

Aunque el apatosaurio era grande, era manso.
Dejaba en paz a los demás dinosaurios con tal de que
éstos le dejaran a él hacer lo que quisiera, y lo que
quería hacer era comer. Se necesitaba mucha comida
para llenar algo tan grande.

El apatosaurio se pasaba casi todo el día, todos los días, comiendo. Comía plantas de los lagos y pantanos. Comía musgo y helechos. Pero lo que más le gustaba eran las hojas de las copas de los árboles. Y si un árbol era demasiado alto, el apatosaurio simplemente lo derribaba.

El apatosaurio se tragaba casi todo lo que encontraba en su camino, a veces incluso hasta las rocas. Pero el apatosaurio no tragaba rocas para alimentarse, sino que éstas servían para ayudarle a triturar las plantas que se había comido. El apatosaurio solamente tenía unos pocos dientes pequeños en forma de clavijas, que no eran muy útiles para masticar. Las rocas en el estómago del apatosaurio rompían las plantas para que pudieran ser digeridas.

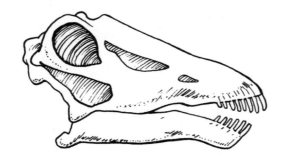

El apatosaurio era tan grande que no necesitaba tener miedo de casi nada, pero en su mundo existían algunos peligros. Debido a su tamaño enorme, al apatosaurio le costaba mucho trabajo detenerse de repente, y eso era un problema si se acercaba inesperadamente al borde de un despeñadero.

Y su tamaño enorme no era siempre lo bastante
grande como para impedir que un alosaurio
hambriento lo atacara cuando encontraba al
apatosaurio solo o herido.

Sin embargo, el apatosaurio no estaba indefenso.
Podía utilizar su cuerpo enorme para aplastar a un

enemigo más pequeño, o azotar al enemigo con su
cola gruesa y musculosa. Y si necesitaba escapar, podía
adentrarse en aguas muy profundas y todavía
mantener la cabeza fuera del agua.

Pero el apatosaurio no se metía al agua solamente cuando lo perseguían. Durante el día, cuando hacía más calor, un apatosaurio probablemente se zambullía en un lago fresco para aliviarse del calor. Y en cualquier momento del día, el agua ayudaba a soportar el peso gigantesco del apatosaurio, y así le descansaban las patas.

   Los científicos no están seguros de cómo nacian
las crías de los apatosaurios. Algunos científicos creen
que estos dinosaurios daban a luz a sus crías. Esos
mismos científicos piensan que la madre cuidaba a su
cría hasta que ésta era lo bastante grande como para
cuidarse a sí misma.

Otros piensan que la madre ponía muchos huevos
en un nido excavado en una ensenada arenosa. El
apatosaurio probablemente dejaba el nido después de
poner los huevos y las crías se veían abandonadas a su
suerte después de salir del cascarón. Probablemente
tenían que buscar su propia comida y esconderse de
los dinosaurios carnívoros hasta que eran lo
suficientemente adultas como para formar parte de
una manada.

Algún día los científicos quizás encuentren fósiles
de una hembra de apatosaurio embarazada o huevos
de este dinosaurio. Entonces nosotros sabremos con
seguridad cuál de estas dos ideas es la correcta.

El apatosaurio era una criatura social. Prefería viajar en grupos de quizás dos docenas. Estas manadas vagaban por el campo, viajando de los pantanos a tierra seca y nuevamente a los pantanos, en busca de comida.

Los apatosaurios pequeños probablemente iban agrupados en medio de la manada, con los animales más grandes formando una muralla protectora a su alrededor. Pero los pequeños tenían que mantener el paso, pues si se quedaban rezagados los adultos no los esperaban.

Estas manadas probablemente recorrían unos ocho kilómetros al día, y no había duda alguna sobre dónde habían estado. Todas las plantas estaban deshojadas y todo estaba pisoteado, como si hubiera pasado por allí una manada de excavadoras.

Hay algunos científicos que piensan que esta situación quizás fue la causa de que desaparecieran el apatosaurio y otros dinosaurios grandes. Piensan que estos dinosaurios comían plantas a un ritmo más rápido de lo que las plantas nuevas podían crecer. Sin alimento suficiente, esos dinosaurios no podían sobrevivir.

Nadie sabe si esto es lo que ocurrió o no, pero sabemos que el apatosaurio, y la mayoría de los demás "gigantes mansos", murieron mucho antes del final de la Era de los Dinosaurios.

Quedan todavía muchas cosas que no sabemos sobre los dinosaurios. Es posible que nunca lleguemos a saber todo. Sin embargo, puede resultar divertido ver dinosaurios en los museos, o leer sobre ellos en un libro, o incluso soñar con dinosaurios por la noche.

¡A divertirse con los dinosaurios!

La primera persona que encuentra los huesos de un dinosaurio, tiene el derecho de darle un nombre. Los científicos tratan de dar a los dinosaurios nombres que los describen. Por ejemplo, Triceratops quiere decir "cara con tres cuernos", y Tiranosaurio quiere decir "lagarto tirano". Tú puedes jugar a "Nombrar al dinosaurio".

Fabrica huesos de dinosaurio con papel o arcilla. Escóndelos en tu casa o en el patio. Invita a tus amigos a buscarlos. Quien encuentre un hueso deberá dar un nombre a su dinosaurio. A continuación hay una lista de algunos de los nombres que los científicos han utilizado para describir a los dinosaurios:

proto quiere decir *primero*
tri quiere decir *tres*
don quiere decir *diente*
saurio quiere decir *lagarto*
mega quiere decir *grande*

mono quiere decir *uno*
deino quiere decir *terrible*
raptor quiere decir *ladrón*
tarbo quiere decir *alarmante*
nano quiere decir *pequeño*